난민 이야기

Wenn Menschen flüchten by Susan Schädlich, illustrated by Alexander von Knorre
© 2016 Carlsen Verlag GmbH, Hamburg, Germany
All Rights Reserved Korean translation ©2019 by Nikebooks
Korean translation rights arranged with Carlsen Verlag GmbH through Orange Agency

이 책의 한국어판 저작권은 오렌지 에이전시를 통해
CARLSEN Verlag GmbH와 독점 계약한 도서출판 니케북스에 있습니다.
저작권법에 의해 한국 내에서 보호를 받는 저작물이므로
무단 전재와 무단 복제를 금합니다.

난민은 어떤 사람들일까요?
난민 이야기

수잔 섀들리히 지음 | 알렉산더 폰 크노레 그림 | 조연주 옮김

비케주니어

추천의 글

난민 문제는 오늘날 지구촌의 가장 심각한 고민거리가 되었습니다. 지금은 평화롭게 살고 있지만, 누구에게나 내전이나 종교적 박해, 기후변화를 피해 정든 고향을 떠나는 일이 생길 수 있습니다. 음식과 언어가 다른 낯선 환경에서 살아가야만 하는 것입니다. 무엇보다도 난민의 절대다수는 어린이나 청소년입니다. 고향을 떠나 정착한 곳에서 불편한 시선을 느끼고 차별까지 받게 되면 몸과 마음 모두 큰 고통을 겪게 됩니다.

우리나라를 떠나 살고 있는 난민들도 있습니다. 조선시대와 일제강점기에 많은 우리 조상이 배고픔이나 박해를 이기지 못하고 극동 시베리아나 연해주로 떠났습니다. 하와이나 멕시코, 쿠바 같은 먼 나라까지 목숨을 걸고 일하러 떠난 이들도 있었지요. 한국전쟁 때는 천만 명이 넘는 난민이 발생하기도 했습니다. 남과 북에 흩어져 지금까지 고통받는 이산가족도 한때는 전쟁 난민이었습니다.

이 책은 난민 문제에 관해 가장 실질적이고 생생한 경험을 바탕으로 만들어진 난민 교과서입니다. 책 속의 여러 사례를 통해 우리가 아픔을 나누고 함께 살아가야 한다는 지구촌 공동체 정신을 깨우칠 수 있을 것입니다.

― 이희수(한양대 문화인류학과 교수)

감사의 글

팀 클리베는

독일의 프랑크푸르트 암 마인에서 변호사로 일하고 있습니다.

그는 이민법 전문가이며, 독일 변호사협회에서 망명 및

외국인들의 권리에 대한 법들을 제정하는 입법위원회의 위원이기도 합니다.

그의 도움에 특별히 감사드립니다.

그 외에 유엔 난민기구 독일 본부의 마르틴 렌치와

오스나브뤼크 대학교의 요헨 올트머 교수,

그리고 프랑크푸르트 암 마인 대학교의 펠릭스 한시만 박사의

조언과 충고에도 감사의 마음을 전합니다.

그만 떠나야 해:
백만 명의 사람이 집을 떠나고 있습니다

분명 여러분들도 이미 들어본 적이 있겠지요. : 전 세계에서 매일 수천 명의 남자와 여자, 그리고 어린이가 고향과 집을 떠나고 있습니다. 세상에는 그대로 있다가는 생명의 위협을 받거나, 자유를 빼앗기지나 않을까 걱정해야 하는 나라들이 있습니다. 그래서 사람들은 당장 필요한 것들만 짐을 꾸려 떠납니다. 집도, 장난감도, 반려동물들도 그대로 남겨둔 채 말이에요. 친구들과 작별인사를 나눌 시간조차 없을 때도 많습니다.

전 세계에서 육천오백만 명이 넘는 사람이 집을 떠나고 있습니다. 그것은 프랑스 전체 인구보다도 더 많은 숫자입니다.

이제 어디로 가지? :
어떤 이들은 계속해서 떠돌아다닙니다

난민들은 모두 더 살기 좋은 곳들을 찾습니다. 하지만 자신들이 살 곳을 마음대로 고를 수 있는 사람들은 아주 적습니다. : 집을 떠나 다른 곳으로 가는 길에는 많은 돈이 필요합니다. 다른 나라에서 지내는 시간이 길어지거나, 길이 봉쇄되기도 하고, 큰 위험에 처할 때도 있습니다.

가까운 곳에 머무르기

전 세계 난민들 중 절반이 넘는 사람들은 자국 내의 다른 지방으로 숨어듭니다. 이런 사람들은 국내 실향민이라 불립니다.

이들 외에 다른 대다수는 바로 이웃한 나라들 중에서 한 곳으로 이동합니다. 하지만 그 나라들 역시 자국 내에 여러 문제를 안고 있는 가난한 나라들이기 일쑤고, 수십만 명 정도의 사람만 겨우 더 보살필 수 있을 뿐입니다.

먼 나라에서의 보호

많은 난민이 고향에서 점점 더 먼 곳으로 떠나고 있습니다. 이들은 독일이나 유럽의 여러 나라에 자신들을 보호해줄 것을 부탁합니다.

아빈의 여행 :
37일간의 공포

아빈은 열여섯 살입니다. 그는 2015년 9월에 부모님을 따라 열세 살 난 남동생, 그리고 스물세 살인 누나와 함께 독일의 프랑크푸르트 암 마인에 도착했습니다. 스물다섯 살인 그의 형은 요르단에 살고 있습니다.

저는 시리아 남부의 다라라는 곳에서 자랐습니다. 우리 가족은 거기서 정원에 레몬나무가 있는 큰 집에서 살았습니다. 하지만 2011년에 전쟁이 시작되었고, 많은 것이 달라지기 시작했습니다. 우리는 폭탄을 피해 지하실로 거처를 옮겼습니다. 사람들은 더 이상 거리에서 맘대로 다닐 수가 없게 되었습니다. 한번은 친구랑 학교에 가는 길에, 총알이 우리 바로 옆을 스쳐 지나간 적도 있었으니까요. 우리는 정말 운이 좋았던 거예요.

시리아에서 우리 가족은 전쟁뿐 아니라 다른 이유 때문에도 위협받아야 했습니다. 삼촌이 군대에서 도망을 나와 시리아 정부에 맞서 싸우는 자유시리아군•에 들어간 것입니다.

누군가 조금이라도 수상하다 싶으면 그와 가까운 사람들에게도 비밀경찰들이 붙어 다닙니다. 큰형은 그들에게 끌려가 일주일을 붙잡혀 있었습니다. 형이 풀려났을 때, 부모님은 형을 서둘러 요르단으로 보냈습니다. 거기엔 이미 다른 친척들이 많이 가 있었습니다.

● 시리아 반정부 군사조직. 2011년 7월에 조직되었으며, 2012년 11월 시리아국가연합에 합류하여 최고군사기구로서 시리아 내전에서 활동하고 있다.

2013년 부모님은 우리 모두를 그곳 요르단으로 데리고 갔습니다. 하지만 아버지는 일자리를 구할 수가 없었습니다. 형이 버는 돈으로 우리 모두가 먹고살아야 했습니다. 하지만 물가가 너무 비쌌습니다. 결국 우리는 다시 요르단을 떠날 수밖에 없었습니다. 2015년 여름에 우리는 냉장고와 세탁기와 다른 가구들 외에도 가지고 있는 모든 것을 팔았습니다. 그 돈으로 우리는 터키로 가는 비행기를 탔습니다.

비행기에서 우리는 구명조끼를 챙겨 넣었습니다. 곧 보트를 타고 바다를 건너야 했으니까요.

아버지 말고는 수영을 할 줄 아는 사람이 아무도 없었는데 말이에요.

터키에서 아버지는 브로커를 한 사람 고용했습니다. 그 사람에게 아마 육천오백 유로도 더 주었을 거예요. 그 사람은 작은 종이에 숫자를 몇 개 끼적거려 주었는데, 그것이 곧 우리의 승선권이었습니다. 한밤중이 되어 우리는 고무보트에 올라탔습니다. 모두가 두려움에 떨고 있었습니다. 특히 제 동생이 겁에 질려 있었지요. 다른 한 피난민이 보트를 조종했습니다.

그 아저씨가 저에게 내비게이션 어플이 실행되고 있는 스마트폰을 주었습니다. 저는 우리가 낭떠러지로 떨어지지 않고 제대로 가고 있는지 계속 확인해야 했습니다. 저는 스마트폰의 액정화면에서 눈을 떼지 않았습니다. "왼쪽으로요. 조금만 더 오른쪽으로." 다른 사람들은 모두 숨을 죽이고 있었습니다. 새벽 다섯시쯤, 우리는 사모스 섬의 해변에 도착했습니

다. 그곳은 그리스에 속한 섬이었습니다. 보트에서 가장 먼저 물속으로 뛰어내린 사람이 누구였을까요? 바로 제 동생이었습니다! 우리는 일제히 안도하며 웃음을 터뜨렸지요.

하지만 이것은 우리 여행의 제일 첫 장일 뿐이었습니다. 총 삼십칠 일이 걸렸습니다. 그리스에서 다시 마케도니아로, 다시 세르비아와 헝가리와 오스트리아를 지나 독일까지 오는 데 말입니다. 우리는 며칠씩 달리고 달렸습니다. 버스를 타고 택시를 타고 기차를 타기도 했지요. 가끔은 아주 위험한 순간들도 있었습니다. 정말이지 더 이상은 생각하기도 싫습니다.

마침내, 우리는 프랑크푸르트 암 마인의 한 체육관에 도착했습니다. 우리 가족은 망명을 신청했습니다. 우리는 이제 독일에 머물고 싶습니다. 부모님은 언젠가 다시 시리아로 돌아가고 싶어하실지도 모릅니다. 하지만 저는 아닙니다. 저는 새로운 삶을 시작하고 싶습니다. 다른 어딘가에서 살고 싶습니다. 시리아에 대해서는 더 이상 생각하고 싶지 않습니다. 제 인생을 통틀어 다시는 저 동쪽 근처에도 가고 싶지 않습니다.

시리아 내전

시리아는 터키 남쪽에 있는 아시아의 나라입니다. 이 지역은 종종 근동지방이라 불립니다. 2011년 이곳에서 무자비한 정부에 대항하는 봉기가 일어났습니다. 사람들은 정부에 더 많은 권리와 자유와 일자리를 요구했습니다. 하지만 정부는 이들을 무자비하게 진압했고, 도시에 폭탄을 떨어뜨리기까지 했습니다. 전쟁은 점점 더 넓은 지역으로 퍼졌고, 시민전쟁이 불붙어 점점 더 많은 사람이 전쟁에 참여하게 되었습니다. 2011년 이래 시리아에서는 수십만 명의 남자와 여자, 그리고 어린이들이 죽고 있습니다. 수백만 명의 시리아인이 자신들이 살던 도시와 나라를 떠나고 있습니다.

사람들은 왜 고향을 떠날까요?

사람들은 누구나 자유로운 삶을 원합니다. 모든 것을 남겨두고 떠나는 사람들에겐 모두 아주 중요한 이유가 있습니다. 예를 들면 고향에서……

1. 특정한 종교나 피부색이 다르다는 이유로 박해받는 사람들이 있습니다.
2. 정부와 정치적으로 다른 견해를 드러내는 사람들을 전부 나라에서 체포하거나 고문하거나 심지어 죽이는 경우도 있습니다.
3. 여자들을 잔혹하게 억압하는 경우도 있습니다.
4. 성 정체성에 대해 벌을 내리는 일도 있습니다. 그런 곳에서는 남자가 남자를 사랑하거나 여자가 여자를 사랑하는 일이 금지되어 있습니다.
5. 전쟁이나 심각한 전투가 이어져서 많은 사람들이 죽기도 합니다.

6. 잔혹한 독재자가 국민들을 억압하기도 합니다.

7. 군부가 공포정치를 하기도 합니다. 예를 들어 그들 종교의 엄격한 규칙에 따라 살기를 강요하는 것입니다.

8. 가족들이 충분히 안정적인 삶을 살아갈 만한 일자리를 얻지 못하기도 합니다.

9. 지진이나 홍수로 모든 것이 황폐해지는 바람에 주거환경이 모두 파괴되는 경우도 있습니다.

수많은 난민이 언제라도 다시 고향으로 돌아갈 수 있기를 바랍니다. 언젠가 다시 고향에서 안전하게 살아갈 수 있을 때가 되면 말이에요. 때때로 전쟁이 끝나자마자 수천 명의 사람이 자기 나라로 돌아가는 일도 있습니다.

난민은 어떤 사람들일까요?

대부분의 사람은 이렇게 말할 것입니다. : 난민은 그저 자기 고향을 떠날 수밖에 없었던 사람들이라고 말이에요. 하지만 많은 전문가는 좀 다르게 말합니다. 그들은 난민 보호에 관한 국제법이나 이와 비슷한 다른 중요한 법규들에 근거해서 말합니다. 이에 따르면 특정한 이유 때문에 위협을 받는 사람들만을 난민으로 규정하고 있습니다. 앞의 경우들 중 1번에서 4번까지가 거기에 속하고, 5, 6, 7번의 이유들도 종종 해당됩니다.

이민이라고?

한 나라를 떠나 다른 나라로 이주하려는 사람들이 있습니다. 전문가들은 이러한 이동을 때때로 다른 이름으로 부르기도 하는데, '이민'이 그것입니다. 그래서 이렇게 자의 혹은 타의로 떠도는 사람들을 '이민자'라고 부르기도 합니다. 둘 다 이동한다는 뜻의 이탈리아어 'migrare'라는 단어에서 온 말입니다.

떠도는 아이들

아마도 여러분은 이미 피난중인 어린이들의 사진을 보거나 이야기를 들은 적이 있을지도 모르겠습니다. 많은 사람은 이렇게 생각합니다. 이 소녀들 그리고 소년들은 부모님 때문에 어쩔 수 없이 따라나선 것이라고 말입니다. 하지만 때때로 그 반대이기도 합니다. 그건 그러니까, 무엇보다 아이들이 위협받는 경우에 말이지요. 아래와 같은 몇 가지 이유가 있습니다.

1. 몇몇 나라에서 아이들은 어린이군인으로서 무기를 들고 싸워야 하는 의무가 있습니다.
2. 어떤 지역에서 아이들은 억지로 결혼을 하기도 합니다.
3. 부모나 중개인이 아이들을 팔아넘기는 경우도 있습니다. 그런 아이들은 낯선 사람의 집에서 일을 해야 합니다. 아프리카나 아시아의 몇몇 나라에서는 여성 할례가 행해지기도 합니다. 외음순의 일부를 잘라내는 것이 그곳의 관례인 것입니다.
4. 자기 나라에서 좋은 학교에 다닐 수도 없는 아이들도 많습니다.

전 세계 난민들 중에서 어린이와 청소년이 그 절반이 넘습니다. 그 숫자를 다 합치면 삼천만 명이 넘는 소년 소녀가 난민 생활을 하고 있는 셈입니다. 이 수는 독일과 프랑스 그리고 네덜란드의 어린이들을 모두 합친 숫자와 거의 같습니다.

대부분의 아이는 엄마 아빠 혹은 친척들과 함께 집을 떠나 난민 생활을 하게 됩니다. 하지만 매년 만 명 정도의 어린이와 청소년이 혼자서 길을 떠나기도 합니다. 난민 생활 중에 부모와 헤어지게 되는 아

이들도 있지만, 어떤 아이들은 처음부터 혼자서 집을 떠나게 되기도 합니다.

어른들에겐 아이들을 보호할 의무가 있습니다

전쟁과 무력으로부터 아이들은 보호받아야 합니다. 난민 어린이들은 새로운 나라에서 특별한 도움을 받을 수 있어야 합니다. 이 아이들 역시 다른 모든 소녀 소년과 동등한 권리를 가질 수 있어야 합니다.

이러한 규칙은 일종의 세계 규약으로 정해진 것입니다. 이 규약을 아동권리협약•이라고 부릅니다. 실제로 전 세계의 거의 모든 나라가 이 규약을 지키기로 약속했습니다. 그럼에도 불구하고, 아이들의 권리는 자주 무시되곤 합니다.

• 전 세계 아동의 경제, 사회, 문화에 대한 권리를 규정하는 국제 협약으로, 아동을 단순한 보호대상이 아닌 존엄성과 권리를 지닌 주체로 보고 이들의 생존, 발달, 보호, 참여에 관한 기본 권리를 명시하고 있다.

엄격한 규칙들 :
유럽으로 가는 길은 왜 그렇게 어려울까요?

유럽에 있는 나라들 대부분은 살기가 좋습니다. 독일도 마찬가지입니다. 독일에선 거의 모든 사람이 집과 학교와 병원의 혜택을 받고 있습니다. 하지만 다른 가난한 지역들에서 이런 것은 당연한 일이 아닙니다. 그런 나라에서 이러한 혜택들은 단지 부자들이나 누릴 수 있는 것입니다.

또한 유럽의 많은 나라는 어떻게 하면 모든 사람이 자유롭게 살아갈 수 있을까 고민합니다. 어떤 피부색을 가지고 있건, 어떤 종교를 가지고 있건, 어떤 정치적 견해를 가지고 있건 상관없이 말입니다. 때문에 많은 난민이 유럽의 나라들에서 보호받을 수 있기를 기대합니다.

통제는 왜 있는 걸까요?

각 나라들은 어떤 사람들이 자신의 나라로 들어오는지 엄격하게 관리하고 통제합니다. 범죄자 같은 사람들이 자기 나라에 들어오지 않기를 바라는 것입니다. 정치인들이나 공무원들은 얼마나 많은 사람을 새롭게 받아들일 수 있을지 고민합니다. 그리고, 그렇게 새롭게 들어온 사람들이 잘 살아갈 수 있도록 신경을 써야 합니다. 그들에겐 집이 필요하고, 또 아이들은 학교에 가야 합니다. 그러기 위해선 돈이 필요합니다. 선생님도 있어야 하고, 여러 가지 일을 도와줄 사람들과 그 외에도 다른 많은 것들이 필요하지요.

이 모든 일을 관리하려면 유럽으로 들어오려는 사람들 모두를 일정한 규칙에 따라 통제해야 합니다. 이때 대부분의 사람은 여권뿐만 아니라 문서화된 허가서가 있어야 하는데, 이것을 '비자'라고 부릅니다. 비자를 받는 데는 아주 긴 시간이 걸리기도 합니다. 전쟁 중일 때는 종종 비자를 받는 것이 아예 불가능하기도 합니다. 그래서 외무부나 대사관이 폐쇄되거나 한 나라에서 비자를 신청하는 것은 아주 위험하기도 합니다.

국경 감시

그러니까, 누구도 몰래, 허락을 받지 않고 다른 나라로 들어갈 수는 없습니다. 유럽의 나라들은 무장한 경찰들 혹은 헬리콥터나 배 등을 이용해 국경을 감시하고 있습니다. 거대한 울타리를 세우는 나라들도 있습니다.

보이지 않는 경계선들

여러분은 아직 국경을 보거나 한 적은 없을 것입니다. 유럽의 국경은 좀 특별하게 자리하고 있습니다. 유럽의 많은 나라는 하나의 연합으로 묶여 있습니다. 이 유럽연합(EU)에서 국경은 그리 중요하지 않은 것이 되었습니다. 때문에 유럽 사람들은 오늘날 대부분 거의 자유롭게 이 나라 저 나라를 여행할 수가 있습니다. 하지만 유럽 연합의 국경은 외부로부터 엄격하게 지켜지고 있습니다. 그러기 위해 이 나라들은 함께 애쓰고 있습니다.

난민들은 어떻게 유럽으로 갈까요?

수많은 난민이 큰 어려움을 겪게 됩니다. 난민들은 금지된 많은 것과, 높은 울타리에도 불구하고 유럽으로 가려고 애씁니다. 그러니까, 바다를 건너서라도 말입니다. 난민들은 보트나 배를 타고 유럽의 섬이나 육지에 도착합니다. 하지만 그렇게 바다를 건너려다 셀 수 없이 많은 사람이 지중해에 빠져 죽었습니다. 또 다른 방법은 비교적 국경의 감시가 적은 동유럽의 나라들을 통해 건너오는 것입니다.

어떻게?

많은 난민에게는 특별히 가고 싶은 나라들이 있습니다. 예를 들면 그들에게 도움을 줄 수 있는 지인들이 살고 있는 곳 말이지요. 하지만 유럽의 나라들은 이를 엄격하게 금지하고 있습니다. 유럽의 나라들은 이런 이민자들이 살아야 할 곳을 자신들이 결정하고 싶어합니다. 그래서 많은 난민이 일

> 28쪽~29쪽의 지도에서 더 정확한 경로를 확인해보세요.

단 몰래, 계속해서 떠돌아다니게 됩니다.

재빠른 보호조치

때때로 어떤 나라들은 망명을 좀더 쉽게 해주기도 합니다. 예를 들면 독일은 어느 전쟁지역에서 온 수천 명의 사람을 재빨리 받아주었습니다. 엄격한 입국 규정을 좀 느슨하게 해주어 난민들이 좀더 쉽게 들어올 수 있게 하기도 했지요.

난민이 문제가 되는 것은 왜인가요?

최근 전쟁 지역에서부터 수십만 명의 사람이 유럽으로 건너오고 있습니다. 그리고 이들의 대다수가 독일에 보호를 요청했습니다. 이런 일이 오랫동안 있어온 것은 아닙니다. 이 일은 거대한 소용돌이를 일으켰습니다.

매우 많은 사람이 난민 생활로 인해 고통받고 있고, 또 많은 사람이 그들을 돕고 있습니다. 옷을 나눠주기도 하고, 아이들에게 새 언어를 가르치기도 하면서 말이지요.

하지만 불안해하는 사람들도 많습니다. 많은 사람이 이런 난민들 때문에 어딘가 낯설어지고, 잘 모르는 풍습과 문화들이 들어와 섞이는 것을 걱정하기도 합니다. 이러한 변화들에 몹시 화를 내는 사람들도 있습니다. 가끔씩 심한 경우에는 난민들 혹은 그들의 숙소가 공격받는 일까지 생기기도 합니다.

또 무슨 일이 있을까요?

중요한 문제들이 있습니다. 한 나라가 얼마나 많은 사람을 빠르게 수용할 수 있을까요? 그 나라는 그로 인해 어떤 변화들을 겪게 될까요? 모두가 함께 잘 사는 것은 어떻게 해야 가능할까요?

이에 대해서는 유럽 곳곳 정치가들의 의견이 분분할 뿐만 아니라, 다른 나라에서도 많은 사람이 열을 올려 이야기하곤 합니다.

대가로 돈을 요구하는 도움

난민 생활을 계획하는 일은 아주 어렵습니다. 많은 사람이 이때 누군가 도와주기를 바랍니다. 아는 사람들 중 어떤 사람은 비자 문제를 해결해 줄 수도 있을 테고, 자동차에 몰래 숨겨서 태워주거나 다른 곳에 몰래 숨겨줄 수도 있을 것입니다.

그런데, 이러한 도움을 돈을 받고 파는 사람들도 있습니다. 이런 사람들을 브로커나 중개인이라고 부릅니다.

그들 중 어떤 사람들은 난민들이 큰 위험에 처해도 별로 신경 쓰지 않습니다. 예를 들어 그들은 사람들을 망가진 배에 태워 바다를 건너게 하거

나, 환기가 제대로 안 되는 화물트럭에 밀어넣기도 합니다. 이런 일은 금지되어 있습니다. 이런 일을 하는 사람은 처벌을 받아야 합니다.

많은 전문가가 이런 일은 있어서는 안 된다고 말합니다. 부자 나라들이 곤경에 처한 이들을 위해 안전한 방법을 마련해준다면 이런 브로커들이 활동하지 못할 것입니다.

난민 생활에 왜 스마트폰이 필요할까요?

많은 난민이 스마트폰을 마치 보물 다루듯 합니다. 스마트폰이 아주 중요한 역할을 하기 때문입니다.

아빈은 밤에 보트를 타고 이동할 때 스마트폰의 내비게이션 기능 덕분에 안전하게 바다를 건너 해변에 닿을 수 있었습니다. 사람들은 난민 생활에 대한 다른 정보 역시 인터넷이 연결되는 스마트폰을 통해 얻고 있습니다. 어느 나라에선, 어디로 가면 도움을 얻을 수 있는가? 국경에 인접해서는 어떤 규칙들이 있는가?

많은 사람에게 이 스마트폰은 가족과 친구들을 연결해주는 거의 유일한

도구입니다. 문자 메시지나 이메일을 주고받을 수도 있고, 채팅을 하거나, 때로는 상황이 괜찮은지 어떤지 통화를 할 수도 있습니다.

사람들은 스마트폰에 중요한 정보를 저장해놓기도 합니다. 연락처는 물론이고 사진이나 동영상처럼 집에 관련된 추억까지도 말입니다. 스마트폰을 잃어버리게 되면 그 모든 것은 어쩌면 영원히 사라져버리겠지요.

그래서 난민들이 스마트폰을 이용하는 데 최대한 문제가 없도록 하기 위해, 수용소에서는 무료로 인터넷을 이용할 수 있도록 하고 있습니다. 예를 들면 누구나 이용할 수 있는 와이파이를 깔아놓거나 하는 것이지요.

독일로 들어오는 사람들

독일에 들어오면 난민들 대부분은 안심하며 매우 기뻐합니다. 일단 독일에 들어온 뒤 그들에겐 어떤 일들이 벌어질까요?

1단계 : 감시와 관리

규정에 따라 그들은 입국하자마자 경찰의 조사를 받게 됩니다. 지문을 찍고 사진도 찍습니다. 그리고 특별 신분증을 얻게 됩니다.

2단계 : 침대와 음식

그리고 그들은 살 곳을 얻게 됩니다.

이러한 피난소들은 잘 갖추어진 집일 때도 있지만 간이침대가 놓인 체육관이거나, 컨테이너 혹은 천막일 때도 있습니다. 난민들은 자신들이 어느 곳에 머물지 스스로 결정하지 못합니

다. 주 정부는 이들을 공정한 원칙에 따라 분배해야 합니다. 때문에 공무원들은 어느 곳에 어떤 사람을 보낼지 컴퓨터 프로그램을 이용해 결정합니다.

수용소에서 사람들은 침대와 음식과 의복을 지원받습니다. 그 외에도 몸이 아플 때는 의사에게서 진료와 치료를 받을 수도 있습니다. 몇몇 지역에서는 독일어 교육을 받을 수도 있습니다. 때때로 아이들은 일종의 유치원 교육을 받을 수도 있지요.

하지만 이 모든 것은 응급처치일 뿐입니다. 처음엔 다들 쉽지 않습니다. 수용에서는 서로 잘 알지 못하는 많은 사람이 함께 밀착해서 생활해야 합니다. 화장실과 욕실도 함께 써야 하고요.

사람들은 수용소 밖으로 외출을 할 수도 있습니다. 얼마간의 돈이 주어지기 때문에 난민들은 버스 티켓이나 동물원 입장권을 살 수가 있고요.

3단계 : 이사

어느 정도 시간이 지나면 대부분의 난민은 다시 거처를 옮깁니다. 그들은 다른 주로 이사를 가거나 다른 도시 혹은 다른 마을로 배치됩니다. 그렇게 이사한 곳에서 많은 사람은 또다시 큰 수용소나 작은 집에서 새로운 생활을 시작하게 됩니다.

다시 학교로

난민 어린이들은 독일에서 학교에 다닐 수 있습니다. 모든 어린이들에게 교육을 받을 권리가 있듯, 난민 아이들 역시 학교 교육을 받을 권리가 있습니다. 많은 아이가 우선은 새로운 언어를 빨리 습득할 수 있도록 하기 위해 특별 클래스에 다니게 됩니다.

로냐의 도착 :
불안했던 여러 날들

로냐는 열한 살 때 터키에서 부모님을 따라 여동생과 함께 독일에 왔습니다. 지금 로냐는 서른한 살로, 베를린에 살면서 외국인들에게 독일어를 가르치고 있습니다.

제가 아이였을 때, 터키에서 우리는 늘 어떤 위험에 처해 있었습니다. 부모님이 쿠르드족이었기 때문입니다. 소수민족인 쿠르드족은 그곳에서 많은 불이익을 당해왔습니다. 몇몇 쿠르드족은 몇 년 동안 계속해서 그들만의 국가를 위해 무력과 폭력을 이용해 싸워왔습니다. 그 때문에 경찰에게 끈질기게 쫓겨다녀야 했지요. 그 당시 경찰은 우리 친척들 역시 이런 투사라고 주장했습니다. 그들은 우리 부모님이 그들을 도와주고 있다고 생각했습니다. 경찰들은 우리 집을 샅샅이 뒤지고 온 집

안을 헤집어놓았습니다. 그래서 부모님은 독일로 떠나기로 결심하셨습니다.

독일에 온 우리는 브란덴부르크 주의 한 수용소에 도착했습니다. 그곳에서 우리는 세 달 정도 넷이서 한 방에서 지냈습니다. 부모님은 망명 신청을 하셨습니다. 삼 개월 후 우리는 다시 베를린 근처 작은 도시의 다른 수용소로 옮겨졌습니다. 그곳에서는 방 두 개를 쓸 수 있었습니다. 복도를 따라 주방과 욕실도 있었지요.

새로운 도시에서 저는 마침내 다시 학교에 다닐 수 있게 되었습니다. 하지만 그것은 몹시 힘든 일이었습니다. 한번 상상해보세요. 나섯 시간 동안 한 마디도 알아들을 수가 없는 거예요. 다른 아이들과 어울리고 싶었지만 할 수 있는 게 아무것도 없었습니다. 저는 원래 언제나 모범생이었습니다. 그런데 그때 저는 갑자기 모든 것을 늦게 이해하는 학생이 되어 버렸습니다. 아니면 아예 이해하지 못하거나 말이에요. 저는 몹시 부끄러웠습니다.

게다가, 모두들 저를 화성에서 온 사람처럼 쳐다보았습니다. 그 작은 도시에는 우리 말고는 외국에서 온 사람이 거의 없었거든요. 학교에 가기 위해 버스를 타는 것조차 겁이 났습니다. 우리는 항상 서 있어야 했

습니다. 사람들이 (우리가 옆자리에 앉지 못하도록) 얼른 가방을 빈자리에 놓아두곤 했거든요. 아이들과 청소년들은 우리에 대해 말도 안 되는 이야기들을 꾸며내기도 했습니다. 아이들은 언젠가 내 여동생 머리카락에 껌을 붙여놓기도 했었습니다. 그때, 저는 더 이상 학교에 다니고 싶지 않은 마음까지 들었습니다. 엄마가 항상 저를 위로해주셨지요. 하지만 때때로 우리 가족 모두 부엌에 둘러앉아 울기도 했습니다. 우리는 생각했습니다. "왜 우리가 우리의 삶을 포기해야 하지? 이제 우리는 어떻게 되는 걸까?"

삼, 사 개월쯤 지나자 말하는 것이 좀 나아졌습니다. 저는 반에서 한 소녀와 친구가 되었습니다. 우리는 오후에 따로 만나기도 하고 서로의 집에서 함께 밤을 새우기도 했습니다. 저는 고등학교에도 가고 아비투어●도 치를 수 있었습니다. 하지만 몇 가지 일은 여전히 오랫동안 힘이 들었습니다. 예를 들면 망명자인 우리는 우리가 살고 있는 곳에서 삼십 오 킬로미터 이상 벗어날 수가 없었습니다. 수학여행을 갈 때도, 저는

●대학 입학 종합 자격 시험. 우리나라의 수학능력시험과 비슷하다.

관청의 허가를 받아야 했습니다. 쇼핑을 할 때도 우리는 눈에 띄었습니다. 물건을 살 때 우리는 현금이 아니라 오직 교환권만 쓸 수 있었으니까요. 우리가 가게에 교환권을 가지고 가면, 점원 언니들이 눈동자를 커다랗게 굴려대며 수군거리곤 했습니다.

오랫동안 우리는 다시 터키로 돌아가게 되는 건 아닌지 걱정해야 했습니다. 우리의 망명 신청이 거부되었던 것입니다. 부모님은 이의를 제기했습니다. 하지만 그것은 시간이 오래 걸렸습니다. 아버지가 계속 일을 하셨기 때문에 우리는 독일에 머물러 있을 수 있었습니다. 하지만 그것도 언제까지가 될지 알 수가 없었습니다. 몇 년 전에야 겨우 부모님은 영구 허가서를 받을 수 있었습니다.

저는 그사이 대학에 가서 공부를 했고, 외국인들에게 독일어를 가르치게 되었습니다. 정말 기적 같은 일이지요. 제가 다른 사람들에게 도움이 될 수 있다는 것 말이에요. 게다가 그들이 어떤 일들을 겪게 될지, 저는 누구보다 정확하게 잘 알고 있으니까요.

터키의 쿠르드족

쿠르드족의 숫자는 약 이천오백만 명 정도입니다. 자신들만의 나라가 없는 쿠르드족은 대부분 터키와 이라크, 이란과 시리아 등지에 살고 있습니다. 터키에 사는 쿠르드족에겐 긴 시간 동안 다른 사람들에 비해 권리가 거의 없습니다. 심지어 그들만의 언어도 쓸 수가 없었습니다. 때문에 일부 쿠르드족은 수년 전부터 터키 군대와 유혈전쟁을 벌이고 있습니다. 더 많은 독립성을 얻기 위해, 또 자신들만의 영토를 얻기 위해 일부 쿠르드족 전사들은 무기와 폭탄을 이용하기도 했습니다. 터키 군대는 강하게 반격했고, 이때 수천 명의 사람이 목숨을 잃었습니다.

망명과 보호 : 어떤 사람이 받아들여질까요?

난민들이 새로운 나라에 도착할 때 일종의 주문과도 같은 말이 있습니다. 그것은 바로 망명입니다. 그리스어에서 온 망명이라는 말은 은신처 혹은 고향이라는 뜻을 가지고 있습니다.

망명을 하기 위해 사람들은 난민들을 위한 관청에 망명 신청을 해야 합니다. 그러고 나면 그들은 전문가들로부터 질문을 받게 됩니다. : 당신은 왜 당신의 나라에서 도망쳐나왔습니까? 당신은 어떤 위협을 받았습니까? 당신이 계속 그곳에 남아 있었다면 어떤 일이 벌어졌을까요?

이 질문들에 대한 대답은 매우 중요합니다. 이 대답에 따라 누가 독일에 망명할 수 있을지가 결정되니까요.

망명자로 받아들여지기는 대체로 매우 어렵습니다. 때로는 최종적으로 망명이 확정될 때까지 몇년이 걸리기도 합니다. 원칙적으로는 아래와 같은 과정들이 이어집니다.

난민 보호와 관련된 법률들

자국에서 국가로부터 위협을 받는 사람들을 그 위험하기 짝이 없는 나라로 돌려보내서는 안 됩니다. 그것은 세계 난민 보호 규약이(이 규약을 제네바 난민 협약●이라고 부릅니다) 그렇게 정하고 있습니다. 가장 중요한 독일의 법률인 독일연방공화국 기본법에도 이와 비슷한 것이 있습니다. 이것은 아주 특별한 법입니다. 세계의 다른 어떤 나라도 난민 보호에 대해 이렇게 중요하게 생각하지는 않을 것입니다.

1. 망명은 고향에서 억압받는 사람들에게 허락됩니다. 종교나 혈통 혹은 정치적인 견해 때문에 위험에 처한 사람들입니다.

2. 무자비하게 공격을 받거나 전쟁으로 인해 고향에서 지내는 것이 안전하지 않은 사람들을 보호합니다. 고국에서 사형 혹은 고문의 위협을 받는 사람들입니다.

● 인종·종교·국적·신분·정치적 의견 등을 이유로 본국에서 박해를 받는 난민을 인도주의적 목적에서 보호해주려는 국제 협약이다. 1951년 26개국이 스위스 제네바에서 이 조약을 체결했다.

3. **몹시 아프거나** 고향에서는 안전한 삶을 살아갈 기회가 더 이상 없는 사람들은 돌려보내서는 안 됩니다.

다른 사람들은 어떻게 될까요?

가난 혹은 환경 파괴로 인해 고국을 떠난 사람들은 망명 신청을 할 수가 없습니다. 이러한 사람들은 편지를 받게 됩니다. 거기엔 '당신의 망명 신청은 거절되었습니다'라고 쓰여 있을 것입니다. 그들은 독일에서 삼십 일 이내에 떠나야 합니다. 어떤 사람들은 그럼에도 불구하고 떠나지 않고 남아 있으려 하기도 합니다. 여권이 없는 경우도 있고, 고향으로 돌아가는 비행기가 없는 경우도 있지요. 어떤 난민들은 몰래 숨어서 살기도 하는데, 때때로 평생을 그렇게 숨어 살게 되는 경우도 있습니다.

예전에는 어땠을까요? : 네 가지 질문과 네 개의 답

요헨 올트머 교수님은 예전에는 왜 그리고 어떻게 사람들이 난민 생활을 하게 되었는지를 연구하고 있습니다. 교수님은 오스나브뤼크 대학교에서 일하고 계십니다.

지금 현재 난민들이 매우 많습니다. 역사적으로 이것은 특별한 일인가요?

지금 우리가 겪고 있는 일들은 아주 특별한 일은 아닙니다. 이미 수천 년 전부터 있어왔던 일입니다. 현재의 독일이 위치한 지역을 보면 더욱 분명해집니다. 사람들은 예전에도 독일로 들어오곤 했습니다. 수백만 명의 사람이 이동하던 시대도 있었습니다.

그전에는 사람들은 왜 고향을 떠났나요?

대부분의 사람은 더 이상 자신들이 원하는 삶을 어디에서도 살 수가 없다고 판단될 때 집과 고향을 떠났습니다. 전쟁 때문에 또 박해와 환경 파괴 때문에 고향을 떠나는 사람들도 많았습니다. 그것은 오늘날에도 마찬가지입니다. 오늘날처럼 그전에도 역시 주로 젊은이들이 고향을 떠났습니다. 예전에도 또 지금도 가난한 사람들은 길을 떠날 수가 없습니다. 이 여행에는 돈이 많이 드니까요.

난민에 대한 엄격한 규칙은 늘 있었던 건가요?

권력을 가진 쪽은 언제나 어떤 사람들이 자기 나라에 오려 하는지 알고 싶어합니다. 그리고 이를 결정하려 합니다. 중세시대에 도시들은 성벽으로 둘러싸여 보호받고 있었습니다. 성문 앞은 항상 누군가 지키고 있었고, 밤이면 성문은 닫혀버렸습니다. 오랜 시간 동안 왕과 군주들은 자신의 시민들이 나라를 떠나지 못하도록 금지해왔습니다. 독일의 바이에른 지역에서는 백오십 년 전까지만 해도 이를 금지하고 있었습니다. 하지만 역사는 이러한 통제와 감시가 대부분 효과가 없었음을 보여주기도 합니다. 사람들은 얽매어 있으려 하지 않으니까요.

이러한 역사를 통해 우리는 오늘날 무엇을 배울 수 있을까요?
역사는 사람들이 자유롭게 이동하는 것이 얼마나 중요하고 좋은 것인가를 보여줍니다. 그렇게 교환이 자유로워지면 전문가들은 경제적으로 그리고 학문적으로 진보할 수 있게 됩니다. 우리는 '완전한 독일인' 혹은 '완벽한 프랑스인'은 결국 없다는 것을 깨닫게 됩니다. 할아버지 할머니들 세대만 돌아보아도, 대부분의 가족이 이주해온 것이나 다름없음을 발견하게 됩니다.

예전에는 어땠을까요? : 네 가지 경우

사람들은 언제나 이동하고 있습니다. 오늘날 독일 지역을 통해 네 가지 경우를 살펴볼까요?

- 대략 삼백오십 년 전에 이십오만 명 정도의 사람이 여기저기 도망을 다녔습니다. 그들은 종교적인 이유로 고향에서 박해를 받았습니다.
- 약 이백 년 전에 대이동의 시대가 시작되었습니다. 백 년 동안 육백

만 명의 독일인이 고향을 떠났습니다. 그들 대부분은 미국에 정착했습니다. 많은 사람이 그곳에 받아들여져 일자리를 구할 수 있을 거라는 희망을 품고 있었습니다.

- 1945년 독일이 시작했던 제2차 세계대전이 끝났습니다. 그전에 독일이었던 몇몇 지역은 다른 나라에 속하게 되었습니다. 많은 독일인이 그 지역에서는 살지 않으려 했습니다. 쫓겨나야 했던 사람들도 적지 않았습니다. 그 결과, 폐허가 된 독일에는 천이백만 명이 넘는 난민이 모여들었습니다.

- 약 육십 년 전 독일의 기업들은 많은 노동자가 필요해졌습니다. 그들은 노동자들을 외국에서 불러들였습니다. 이십 년 동안 천사백만 명의 이른바 외국인 노동자가 모여들었습니다. 이탈리아, 포르투갈, 스페인, 그리고 터키 같은 곳에서 온 사람들이었습니다. 그들 중 천백만 명이 다시 자기들 나라로 돌아갔습니다.

누구나 하나의 퍼즐 조각입니다.
인간이 뿌리를 내린다는 것은 무슨 뜻일까요?

여러분은 혹시 여러분 가족의 역사에 대해 알고 있나요? 부모님과 조부모님은 어디에서 태어나셨나요? 그분들의 조상은 어디에서 오셨을까요? 이러한 질문들에 더 정확한 답을 찾는 것은 매우 흥미로운 일입니다. 과거의 역사를 들여보다보면, 이런 것들이 분명해집니다. 아주 많은 가족에게 다른 나라에서 온 조상들이 있는 거지요. 많은 사람이 결국 난민인 것입니다.

사람들을 각각의 퍼즐 조각으로 연결해놓은 이 그림을 그려볼까요? 한 가족의 역사에서 중요한 조각마다 각각 다른 색깔을 채워넣으면 아주 다양한 색깔의 조각들의 조합이 될 것입니다.

여러분은 어떨까요?

아이들이 뿌리를 가질 수 있을까요?

재미있는 질문입니다. 어린이들은 물론 식물이 아닙니다. 전문가들은 그럼에도 불구하고 이렇게 말합니다. 독일에 있는 세 명의 어린이 중 한 어린이는 외국의 뿌리를 가지고 있다고 말이에요. 이런 어린이들은 다른 나라에서 태어나서 그후에 독일로 건너온 것이라고 그들은 생각합니다. 아니면 어머니나 아버지 혹은 두 분이 모두 독일로 이주해오셨거나 독일에서 아이를 낳은 경우도 있을 것입니다.

여러분은 어떤 일을 할 수 있을까요?

아주 중요한 문제입니다. 관심을 가지고 주의를 기울여 잘 생각해보세요.

아주 분명합니다. 외국인 어린이 혹은 어른들과 어울리는 일은 종종 아주 어려운 일입니다. 게다가 그들이 외국어를 쓰거나 우리와 좀 다르게 생겼다면 사람들은 이미 어딘가 불편해하거나 불안해합니다. 하지만 단순히 고개를 돌려버리거나 이들이 마치 없는 사람처럼 행동한다면, 그것은 좋은 태도가 아닙니다. 여러분이 학교 운동장에서 이런 새 친구를 만난다면 미소를 지어 보이거나 "안녕!" 하고 인사를 하는 것이 좋은 시

작일 것입니다.

누구나 다른 어딘가에서는 이방인입니다.

한번쯤 이런 어린이들의 입장이 되어보세요. 그 어린이들에게는 여러분이 낯선 친구일 것입니다. 그 친구들은 어쩌면 독일어를 한 마디도 이해할 수 없기 때문에 아마 틀림없이 몹시 불편할 것입니다. 외국에 휴가여행을 갔을 때를 한번 떠올려보세요.

좋은 생각이 있습니다. : 여러분 스스로에게 대하듯 다른 사람에게도 늘 그렇게 대해보세요.

글쓴이

수잔 섀들리히 Susan Schädlich

1978년에 태어났습니다. 어린이들을 위해 글을 쓰면서, 책이나 잡지 등에 학문이나 실용 분야의 어려운 개념들을 쉽게 풀어서 설명해 보이고 있습니다. 그전에 십 년간 독일 언론사에서 어린이 뉴스의 기획자와 편집자로 일했습니다. 한동안 영국에서 살았으며, 발트해 연안과 폴란드를 자전거로 여행했고, 이스라엘과 아이슬란드 페로 제도를 여행하기도 했습니다. 자신의 가족의 역사를 알아가던 그녀는 거의 모든 세대에서 탈출과 이민과 이민자에 관한 이야기가 있다는 것을 발견했습니다.

그린이

알렉산더 폰 크노레 Alexander von Knorre

1982년 마그데부르크에서 태어났습니다. 플로리다에서 일 년 정도 학창 시절을 보냈으며, 루마니아의 한 보육원에서 일 년을 지냈습니다. 불가리아, 세르비아, 헝가리, 우크라이나, 몰도바, 모로코, 터키 등 수많은 지역을 여행했습니다. 바이마르의 바우하우스 대학교에서 일러스트레이션을 중심으로 시각 커뮤니케이션을 공부했습니다. 2010년에 학교를 졸업한 후 무료로 어린이책에 삽화를 그리며 바이마르에서 가족과 함께 살고 있습니다.

옮긴이

조연주

대학과 대학원에서 독문학을 전공한 후 줄곧 책 만드는 일을 하고 있습니다. 옮긴 책으로 소설 『아쿠아리움』과 그림책 『색깔의 여왕』 『아저씨, 왜 집에서 안 자요?』가 있습니다.

난민 이야기

초판 1쇄 발행 2019년 1월 28일
3쇄 발행 2019년 11월 28일

지은이　수잔 섀들리히
그린이　알렉산더 폰 크노레
옮긴이　조연주
펴낸이　이혜경
디자인　여혜영

펴낸곳　니케북스
출판등록　2014년 4월 7일 제300-2014-102호
주소　서울시 종로구 새문안로 92 광화문 오피시아 1717호
전화　(02) 735-9515
팩스　(02) 735-9518
전자우편　nikebooks@naver.com
블로그　nikebooks.co.kr
페이스북　www.facebook.com/nikebooks
인스타그램　www.instagram.com/nike_books

한국어판 ⓒ 니케북스, 2019
ISBN 979-11-89722-01-2

책값은 뒤표지에 있습니다.
잘못된 책은 구입한 서점에서 바꿔 드립니다.

이 도서의 국립중앙도서관 출판예정도서목록(CIP)은 서지정보유통지원시스템 홈페이지(http://seoji.nl.go.kr)와 국가자료종합목록시스템(http://www.nl.go.kr/kolisnet)에서 이용하실 수 있습니다. (CIP제어번호 : CIP2019000884)